BEI GRIN MACHT
WISSEN BEZAHLT

- Wir veröffentlichen Ihre Hausarbeit, Bachelor- und Masterarbeit

- Ihr eigenes eBook und Buch - weltweit in allen wichtigen Shops

- Verdienen Sie an jedem Verkauf

Jetzt bei www.GRIN.com hochladen und kostenlos publizieren

Bibliografische Information der Deutschen Nationalbibliothek:

Die Deutsche Bibliothek verzeichnet diese Publikation in der Deutschen Nationalbibliografie; detaillierte bibliografische Daten sind im Internet über http://dnb.d-nb.de/ abrufbar.

Dieses Werk sowie alle darin enthaltenen einzelnen Beiträge und Abbildungen sind urheberrechtlich geschützt. Jede Verwertung, die nicht ausdrücklich vom Urheberrechtsschutz zugelassen ist, bedarf der vorherigen Zustimmung des Verlages. Das gilt insbesondere für Vervielfältigungen, Bearbeitungen, Übersetzungen, Mikroverfilmungen, Auswertungen durch Datenbanken und für die Einspeicherung und Verarbeitung in elektronische Systeme. Alle Rechte, auch die des auszugsweisen Nachdrucks, der fotomechanischen Wiedergabe (einschließlich Mikrokopie) sowie der Auswertung durch Datenbanken oder ähnliche Einrichtungen, vorbehalten.

Impressum:

Copyright © 2012 GRIN Verlag, Open Publishing GmbH
Druck und Bindung: Books on Demand GmbH, Norderstedt Germany
ISBN: 978-3-668-23841-1

Dieses Buch bei GRIN:

http://www.grin.com/de/e-book/333957/erinnerungswelten-der-kubanischen-diaspora-cabrera-infantes-ella-cantaba

Robert Stockton

Erinnerungswelten der kubanischen Diaspora. Cabrera Infantes „Ella Cantaba Boleros" und Zoé Valdés' „Café Nostalgia"

GRIN Verlag

GRIN - Your knowledge has value

Der GRIN Verlag publiziert seit 1998 wissenschaftliche Arbeiten von Studenten, Hochschullehrern und anderen Akademikern als eBook und gedrucktes Buch. Die Verlagswebsite www.grin.com ist die ideale Plattform zur Veröffentlichung von Hausarbeiten, Abschlussarbeiten, wissenschaftlichen Aufsätzen, Dissertationen und Fachbüchern.

Besuchen Sie uns im Internet:

http://www.grin.com/

http://www.facebook.com/grincom

http://www.twitter.com/grin_com

Inhaltsverzeichnis

1. Einleitung... 2

2. Die Autoren: Zoé Valdés und Guillermo Cabrera Infante............... 4

3. Exil-kubanische Identität... 6
   3.1 Kultur, Erinnerung und Identität.. 6
   3.2 Identität und Musik in der kubanischen Diaspora.............................. 8

4. Das vorrevolutionäre Kuba in Cabrera Infantes *Ella Cantaba Boleros*.. 11
   4.1 Kritik an den Verhältnissen auf Kuba.. 11
   4.2 Stilistische Mittel der Darstellung des nächtlichen Havannas.......... 13
   4.3 La Estrella als Symbol für das vorrevolutionäre Kuba..................... 14
   4.4 Erinnerung und Vergessen... 15

5. Identität und *Erinnerung: Café Nostalgia*................................. 16
   5.1 Vergangenheit und die Erinnerung an Kuba................................... 17
   5.2 Die kubanische Diaspora in *Café Nostalgia*................................. 20
   5.3 Politische Kritik im Werk... 21

6. Schluss.. 23

Literaturverzeichnis.. 25

1. Einleitung

Obwohl die Unabhängigkeit Kubas erst zu Beginn des zwanzigsten Jahrhunderts erreicht wurde, reicht die Geschichte der kubanischen Diaspora bereits 200 Jahre zurück. Nach verschiedenen Auswanderungswellen hat sich eine Gemeinschaft der Exilanten herausgebildet, die sich zunehmend gut vernetzt hat, aber heute wie damals über verschiedene Teile der Welt verstreut ist (vgl. Blanco 2011: 11). Während vor Beginn der zweiten Hälfte des zwanzigsten Jahrhunderts besonders Einzelpersonen, die beim jeweiligen Regime in Ungnade gefallen waren, emigrieren mussten, kam es nach der kubanischen Revolution 1959 auf Grund der sozialen, wirtschaftlichen und politischen Veränderungen, die der politische Führungswechsel mit sich brachte, vermehrt zu Massenauswanderungswellen. Seitdem hat sich der US-amerikanische Bundesstaat Florida zum zentralen Migrationsziel der kubanischen Migranten entwickelt. Im Jahr 2010 lebten dort 1,2 Millionen Menschen mit kubanischen Wurzeln, die meisten davon im Großraum Miami (vgl. ebenda: 38).

Anders als in anderen Ländern bestand zwischen Kuba und der kubanischen Diaspora stets ein spannungsreiches Verhältnis. Während unter verschiedenen vergangenen Regimen besonders politisch unliebsame Personen das Land verlassen mussten, wurden nach der Revolution solche Personen, die freiwillig das Land verlassen wollten, von Seiten des kubanischen Staats lange Zeit als Dissidenten geächtet. Auf der anderen Seite prägte sich unter den Exilanten eine Gegenbewegung zur Revolution heraus, die engagiert von den USA aus das Ziel des Sturzes der Regierung um Fidel Castro bis heute verfolgt. Als Höhepunkt dieser Versuche gilt die erfolglose militärische Invasion in der Schweinebucht im Jahr 1961. Das feindselige Klima zwischen Teilen der Diaspora und der kubanischen Regierung, sowie gegenseitiges Misstrauen und politische Konflikte zwischen Kuba und den USA führten lange Zeit zu einer Verhärtung der Fronten. Erst in den vergangenen Jahren scheint sich der Konflikt langsam zu entspannen (Blanco 2011: 45).

Trotz gegenseitiger Vorbehalte betrachten sich große Teile der Diaspora als Teil des kubanischen Volkes mit einem ausgeprägten Interesse an kubanischer Kultur (vgl. ebenda: 11). Jedoch nahmen Diaspora und Mutterland infolge der lokalen Trennung separate, unterschiedliche Entwicklungen, die auch im kulturellen Bereich erfolgten. Während das Leben auf der Insel zwischen den Eindrücken von materiellen Engpässen und beschnittener Meinungsfreiheit auf der einen und fortschrittlichen Gesundheits- und Bildungssystemen auf der anderen Seite stand, erreichte die Gemeinschaft der Exilkubaner in den USA große

Erfolge im unternehmerischen Bereich und soziales Ansehen in der US-amerikanischen Gesellschaft (vgl. ebenda: 13). Somit agierten die Kulturschaffenden auf beiden Seiten unter dem Einfluss grundsätzlich unterschiedlicher Lebensrealitäten.

Ebenfalls wurden kulturelle Erzeugnisse der jeweils anderen Seite von beiden Lagern aus ausgeschlossen, da sie als politisches Sprachrohr für unerwünschte Botschaften verstanden wurden. So existierte auf Kuba eine „schwarze Liste" kubanisch-stämmiger Musiker, die sich kritisch über die kubanische Politik geäußert hatten, und deren Werke aus dem kubanischen Radio verbannt wurden (vgl. Rainsford 2012: o.S.). Auf der anderen Seite hatten die bekannten kubanischen Musiker Omara Portuondo und Silvio Rodriguez, die sich in der Öffentlichkeit positiv über die Revolution geäußert hatten, lange Zeit erhebliche Probleme bei der Einreise in die USA, um dort Konzerte geben zu können. Erst in jüngerer Vergangenheit hatten ihre Anträge auf Visa Erfolg (vgl. Henkel 2010: o.S.). Man kann jedoch davon ausgehen, dass kubanische Diaspora und Kubaner auf der Heimatinsel in den Jahren nach der Revolution mit völlig unterschiedlichen, und teilweise gegensätzlichen Kulturgütern konfrontiert wurden.

Da die Verfügbarkeit von Texten und Inhalten als Träger des kulturellen Gedächtnisses in modernen Gesellschaften gilt (vgl. Altmeyer 2002: 17), liegt der Schluss nahe, dass durch die kulturelle Trennung zwischen den Exilkubanern in der Diaspora und den Kubanern auf der Insel sich ein eigenes, modifiziertes kulturelles Gedächtnis der Diaspora herausgebildet hat. Neben der bereits beschriebenen, unterschiedlichen Lebensrealität der Exil-Kubaner, bedeutet auch der Migrationsprozess selbst und die damit verbundene Umsiedlung in ein fremdes Land einen prägenden Einschnitt in die Biographie der Migranten. Die Verarbeitung dieses Prozesses, sowie des Verlusts der Heimat und die Auseinandersetzung mit der Erinnerung an das Land des Ursprungs stellt eine Thematik dar, die wenig überraschender Weise Eingang in viele Werke der kubanischen Exil-Schriftsteller gefunden hat. Wie die Erinnerung an Kuba in den Werken der gesamten kubanischen Diaspora thematisiert und verarbeitet wird, würde sicherlich eine interessante, aber vom Umfang her kaum zu bewältigende Aufgabe darstellen, wenn man bedenkt, dass die kubanische Exil-Literatur mit Protagonisten wie José-Maria de Heredia oder José Martí bereits in die Zeit der kubanischen Unabhängigkeitsbewegung zurück reicht. An dieser Stelle soll stattdessen exemplarisch je ein Werk der kubanischen Exilschriftsteller Zoé Valdés und Guillermo Cabrera Infante untersucht werden. Der bereits verstorbene Cabrera Infante sowie die dreißig Jahre jüngere Zoé Valdés gelten als prominente Mitglieder der kubanischen Exilgemeinde. Ihre Romane *Ella Cantaba Boleros* und *Café*

Nostalgia thematisieren das Leben in Havanna vor und nach der Revolution und erlauben daher einen Einblick in die Gedanken zweier Mitglieder der kubanischen Diaspora im Exil zum Land ihres Ursprungs.

2. Die Autoren: Zoé Valdés und Guillermo Cabrera Infante

Guillermo Cabrera Infante wurde am 22. April 1929 in einem Dorf in der Provinz Oriente geboren. Im Jahr 1941 siedelt die Familie in die Hauptstadt Havanna über, womit Cabrera Infante in einem Umfeld groß wurde, das sein Schreiben später nachhaltig prägen sollte. Besonders das vorrevolutionäre Havanna der Vergangenheit stellt ein wiederkehrendes, zentrales Thema in seinen Werken dar (vgl. Hammerschmidt 2005: 3f).

Nachdem er 1950 das Studium an einer Journalistenschule aufnahm, machte er bereits zwei Jahre später zum ersten Mal mit der kubanischen Zensurbehörde unter dem damaligen Diktator Fulgencio Batista Bekanntschaft. Wegen der Verwendung von obszöner Sprache in einer von ihm publizierten Kurzgeschichte kam er für kurze Zeit in Polizeigewahrsam und musste eine Geldstrafe bezahlen. Seine Eltern waren als Mitbegründer der kommunistischen Partei Kubas zur damaligen Zeit ebenfalls Oppositionelle. Diese Erfahrungen führen bei Cabrera Infante zu einer ausgeprägten Gegnerschaft zum Regime Batistas, so dass er anfangs ein Anhänger der kubanischen Revolution war (vgl. Berger 2005: o.S.). In den Jahren nach der Revolution hatte er mehrere öffentliche Posten inne, in deren Rahmen er als Direktor des Nationalen Kulturrats und des Filminstituts, sowie als Herausgeber von *Lunes de Revolución* agierte. Als mit der Politik Castros immer mehr die Einschränkung der Meinungs- und Pressefreiheit einherging, wuchs seine Distanz zur neuen Regierung Kubas (vgl. ebenda). Mit dem Verbot des Kurzfilms *P.M.*, in dem Orlando Jiménez Leal und Guillermo Cabrera Infantes Bruder Sabá das Nachtleben Havannas porträtierten, kam es zum offenen Bruch mit Castros Politik. Nachdem er sich in einem offenen Brief, gemeinsam mit anderen Künstlern und Intellektuellen an Castro wandte, wurde *Lunes de Revolución* verboten und Cabrera Infante bald darauf als Kulturattaché nach Belgien geschickt (vgl. Hammeschmidt 2005: 5).

Als er 1965 ein letztes Mal wegen dem Tod seiner Mutter nach Kuba zurückkehrte, empfand er die Situation vor Ort als derart bedrückend, dass er beschloss, Kuba endgültig den Rücken zuzukehren. Über Madrid zog er 1966 ins Exil nach London, wo ihn seine Heimat und das Schicksal seiner dort verbliebenen Freunde aber unablässig beschäftigen. Alle seine darauf erschienenen Texte dienten laut Cabrera Infante selbst, dem Zweck der Verarbeitung dieser traumatischen Erfahrung (vgl. ebenda). Als sein wichtigstes Werk gilt der bereits im Jahr 1967 erschienene Roman *Tres Tristes Tigres*, dessen Schauplatz das vorrevolutionäre Havanna darstellt, und für den er im Jahr 1997 den Premio Cervantes erhielt (vgl. ebenda: 6). Im selben Jahr erklärte Cabrera Infante noch er wolle erst nach Ende der Herrschaft Castros nach Kuba zurückkehren. Er starb im Jahr 2005 an einer Blutvergiftung in London, wo seine Familie nach wie vor lebt (vgl. Berger 2005: o.S.).

Zoé Valdés repräsentiert eine neuere Generation der kubanischen Exil-Autoren als Cabrera Infante. Sie wurde im Jahr 1959, wenige Monate nach dem Triumpf der kubanischen Revolution in Havanna geboren und kennt daher, im Gegensatz zu Cabrera Infante das vorrevolutionäre Kuba nur aus Erzählungen. Obwohl sie ihre Familie als arm beschreibt, war das Lesen in ihrer Familie wichtig und ihre Großmutter versorgte sie ständig mit Büchern, die auf dem kubanischen Index standen (vgl. Jocks 2004: o.S.). In jungen Jahren engagierte sie sich politisch in verschiedenen Organisationen der kommunistischen Partei Kubas (vgl. Borchmeyer.2004: o.S.). Nachdem sie von Seiten des Planungsapparates des kubanischen Staats eine Ausbildung als Physikerin zugeteilt bekam, wendete sie sich später der Kultur zu und lebte ab 1983 für fünf Jahre mit dem kubanischen Schriftsteller Manuel Pereira in Paris, wo sie eine Position innerhalb der kubanischen UNESCO Delegation bekleidete und erstmals als Schriftstellerin aktiv wurde (vgl. Hage 1996: 247). Im Jahr 1988 kehrte sie nach Kuba zurück, wo sie die Romane *Sangre azul* und *La nada cotidiana* fertigstellte. Während 1994 *Sangre azul* dort publiziert wurde, zeichnete sich ab, dass *La nada cotidiana* keine Chance auf Veröffentlichung in Kuba hatte, woraufhin sie mit ihrer Familie auf Einladung zu einer Kulturveranstaltung nach Paris reiste und nicht wieder zurückkehrte (vgl. ebenda). Von Paris aus, wo sie bis heute lebt, führte sie eine produktive und mehrfach prämierte Schriftstellerkarriere fort. Die Kritik an den bestehenden politischen Verhältnissen auf Kuba stellt ein wiederkehrendes Thema in ihren Arbeiten dar. Diese Tatsache, sowie die Umstände ihres Exils stellen sie an die Spitze der Castro-kritischen Autoren der Gegenwart und machen sie gleichzeitig zur Reizfigur für Anhänger der kubanischen Revolution (vgl. Borchmeyer 2004: o.S.).

3. Exil-kubanische Identität

Die kubanische Exil-Gemeinde stellt sich, anders als sich auf den ersten Blick vermuten lässt, als äußerst heterogen dar. Während sich ihre Mitglieder durch Merkmale wie wirtschaftlichen Erfolg, politische Ansichten und – eng damit verknüpft – Migrationszeitpunkt sowie andere sozioökonomische Merkmale formell voneinander unterscheiden, berichtet Pedraza-Bailey auch von offenen Konflikten innerhalb der Diaspora-Gemeinde. So beobachtete sie bereits 1985, zum Zeitpunkt des Erscheinens ihres Textes, dass solche Kubaner, die auf Kuba einen hohen sozialen Status inne hatten und bereits kurze Zeit nach der Revolution die Insel verlassen hatten, auf diejenigen herabblickten, die niedrigeren Schichten entstammten und erst später den Weg ins Exil wagten (vgl. Pedraza-Bailey 1985: 28f). Dramatischere Folgen hatten die Auseinandersetzungen im Lager der Exil-Kubaner, als es Ende der siebziger Jahre auf Initiative von Fidel Castro zu Annäherungsgesprächen zwischen Teilen der Diaspora-Gemeinde und der kubanischen Regierung kam, in deren Verlauf zwei Exil-Kubaner, die für die politische Öffnung zu Kuba eintraten, von militanten Castro-Gegnern ermordet wurden (vgl. ebenda: 22). Diese Beispiele verdeutlichen die Konflikte innerhalb der kubanischen Exilanten-Gemeinde, die durch ihre heterogene Struktur zu Tage treten, was es nicht ganz problemlos macht, von einer gemeinsamen Identität der Exil-Kubaner zu sprechen. Jedoch scheint der Ausdruck angebracht, wenn man Identität als historisch konzipiert, und in Verbindung mit dem literaturwissenschaftlichen Erinnerungsbegriff betrachtet. Den kulturellen Gütern der kubanischen Exil-Gemeinde kommt dabei eine wesentliche Bedeutung für die Schaffung einer solchen erinnerungsbasierten Identität zu.

3.1 Kultur, Erinnerung und Identität

Trotz der Vielzahl an Gegensätzen vereint einen Großteil der kubanischen Exil-Gemeinde die enthusiastisch zelebrierte Identifikation mit der zurückgelassenen kubanischen Heimat sowie die nostalgische Erinnerung daran (vgl. ebenda: 12ff). Zwischen den USA und verschiedenen karibischen Ländern hat sich ein Wirtschaftszweig, der sogenannte *nostalgic trade* herausgebildet, dessen einziger Zweck es ist, die hohe Nachfrage der Migranten nach Lebensmitteln, Genussmitteln oder Kulturgütern zu befriedigen (vgl. Blanco 2011: 36f). Die aktive Heimatverbundenheit äußert sich in der kubanischen Diaspora unter anderem in einem starken Interesse für kubanische Kultur und, damit einhergehend, in einem ausgeprägten und produktiven Kulturbetrieb (vgl. Fabiola 2003: o.S.). Mehrere Generationen von Exil-

Kubanern kamen somit mit der Musik, Kunst und Literatur anderer Exil-Kubaner in Berührung, in denen die gemeinsamen Erfahrungen der Migranten und deren Erinnerung an Kuba thematisiert und reproduziert wurden.

Wie wichtig der Rückbezug auf Kuba oder das Leben vor dem Exil für die kubanische Diaspora ist, zeigt sich bei der wissenschaftlichen Beachtung der Bedeutung von Erinnerung für die Identität einer Person. Durch ihren autobiographischen Charakter ist die Erinnerung einer Person stark emotional aufgeladen und erlangt damit einen deutlichen Einfluss auf die Identität des Einzelnen (vgl. Neumann: 154). Die Erinnerung besteht aber nicht aus einer exakten Reproduktion von historischen Ereignissen, sondern existiert stets im Kontext zu subjektiver Aktualität, ist also einem Einfluss, gegebenenfalls von außen unterworfen. Durch diesen Bezug zur Gegenwart kann es bei der Rekonstruktion der Erinnerungen zu inhaltlichen Verzerrungen kommen (vgl. ebenda: 153). An dieser Stelle lässt sich besonders deutlich die Bedeutung der Kulturgüter, die Kuba als Thema haben, für die Identität der Exil-Kubaner erkennen. Diese Texte, Lieder oder Kunstwerke lassen die Erinnerung an Kuba in einem neuen Licht wiederauferstehen. Dieses Bild wird durch die Rezipienten aufgenommen wodurch eine Modifizierung der Erinnerung der Konsumenten der Kultur geschieht. Betrachtet man nun die Verbindung von Erinnerung und Identität kann man schlussfolgern, dass den Kulturgütern nicht nur eine ästhetische Funktion zukommt, sondern dass sie auch eine Rolle im Prozess der Identitätsbildung einnehmen (vgl. ebenda: 155).

Neben der Betrachtung der Wirkung der Kulturgüter auf die Identität des Einzelnen stellt sich die Frage nach der Gruppe und damit nach der Entstehung einer historisch gewachsenen Exil-kubanischen Identität. Gedächtnistheorien betonen, dass kollektive Erinnerungen ebenfalls nicht per se existieren, sondern konstruiert werden und zudem einen starken Einfluss auf die Identität der Gruppe haben können (vgl. ebenda: 159). Maurice Halbwachs betont sogar in seiner Theorie vom *Mémoire collective*, dass Erinnerungen immer kollektiv seien und erst durch den ständigen Dialog mit anderen für das Individuum in den sozialen Bezugsrahmen gestellt werden, durch den sie interpretierbar und abrufbar bleiben (vgl. ebenda 159f). Dieser Theorie folgend lässt sich über die Exil-kubanische Gemeinschaft sagen, dass durch die Verbreitung der Erinnerung an Kuba in deren populären Werken die geteilte Erinnerung zu einem Teil des kollektiven Diskurses wird, innerhalb dessen die Erinnerung wiederbelebt und gleichzeitig fortwährend neu konstruiert wird. Diese Erneuerung der geteilten Erfahrungen durch die Gruppe wiederum schafft eine überindividuelle Gruppenidentität (vgl. ebenda: 159), die den Mitgliedern der kubanischen Diaspora zu Teil wird.

3.2 Identität und Musik in der kubanischen Diaspora

Literatur und Musik stellen zwei Bereiche der Kultur dar, die sich häufig inhaltlich überschneiden. Grade die Populärmusik der Karibik greift häufig auf die Literatur als Vorlage für Lied-Texte zurück. Auf der anderen Seite hat die Musik Einflüsse auf die karibische Literatur, beispielsweise bei der Adaption des Rhythmus als Element bezüglich der Formgebung von literarischen Texten (vgl. Espinoza-Contreras 2002: 1).

Im Zentrum dieses Abschnittes steht die Schlüsselfunktion der Musik als Symbol für eine kollektive Identität der kubanischen Diaspora (vgl. ebenda: 3). *Nuestro Día (Ya Viene Llegando)* von Willie Chirino und *Mi Tierra* von Gloria Estefan sind zwei Lieder von prominenten Sängern, die aus der kubanischen Exil-Gemeinde in Miami stammen. In ihnen werden die Erfahrungen der Migration (*Nuestro Día (Ya Viene Llegando)*) und der Verlust der Heimat (*Mi Tierra*) thematisiert. Der starke Bekanntheitsgrad der Lieder innerhalb wie außerhalb der kubanischen Exil-Gemeinde und das hohe Identifikationspotential der Thematik erlauben einen anschaulichen und weniger theoretischen Blick auf das Befinden von Teilen der kubanischen Diaspora-Gemeinde. *Nuestro Día (Ya Viene Llegando)* gilt als das Lied der Castro-Kritiker schlechthin (vgl. Zuber 1993: 108) und wird hin und wieder als zweite Nationalhymne Kubas bezeichnet (vgl. Willy Chirino Official Website: o.S.). Gloria Estefan erreichte mit *Mi Tierra* die Spitzenposition der Latin Billboard Charts (vgl. Gloria Estefan Album & Song Chart History: o.S.).

Willie Chirino, der 1961 im Rahmen der *Operation Peter Pan* als vierzehnjähriger Junge gemeinsam mit 14.000 weiteren kubanischen Kindern von seinen Eltern ins US-amerikanische Exil geschickt wurde (vgl. Willy Chirino – American Sabor 2012: o.S.), berichtet im ersten Teil von *Nuestro Día (Ya Viene Llegando)* als Ich-Erzähler von den Erfahrungen und Schwierigkeiten, die ein Migrant bewältigen muss:

> "Ahí empezó la dura realidad, ¡Ay Dios! (...)/ de sobrevivir fuera de su idioma/ de sus costumbres y su identidad (...)/ pues la resignación es fiel amigo/ del hombre cuando tiene que emigrar"

In den Vordergrund wird die Problematik des fremden Umfeldes gerückt, in dem sich der Migrant nach der Emigration befindet. Während viele Kubaner von einem gelobten Land jenseits der eigenen Staatsgrenzen träumen, werden die Kubaner in den USA bei ihrer Ankunft mit dem Problem einer fremden Sprache sowie der Frage nach der eigenen Identität in der Fremde konfrontiert. In Verbindung mit der Betonung der Gefahr der Resignation, wirken die Zeilen wie ein Aufruf an andere Immigranten, die Herausforderungen denen sie begegnen anzunehmen und nicht auf Grund eines schweren Schicksals den Mut zu verlieren. Die bereits angesprochene, ausgeprägte Verbundenheit zu kubanischer Kultur lässt sich auch bei Chirino erkennen:

> *"En la maleta traje un colibrí/ un libro de Martí, un sueño y un danzón/ Vino Beny Moré de polizón"*

Die kubanischen Ikonen José Martí und Beny Moré sind Figuren mit starkem Identifikationspotential für die kubanische Exilanten-Gemeinde. Dass Chirino betont, dass unter den wenigen Habseligkeiten, die er ins Exil mitnehmen konnte, ein Buch von José Martí und ein Album von Beny Moré gewesen sein sollen, unterstreicht seinen Patriotismus und die Nähe zu kubanischer Kultur und Geschichte. Chirinos Patriotismus wird mit fortschreitendem Text noch deutlicher:

> *"Ay, Cuba hermosa y primorosa(...)/ Cada día yo te quiero más, mi Cuba bella te quiero más".*

Diese überhöht wirkende Liebeserklärung an seine Heimat kann als Ausdruck von lateinamerikanischem Patriotismus verstanden werden. Innerhalb der kubanischen Diaspora dient sie der Aufrechterhaltung der Erinnerung an die zurückgelassene Heimat. Besonders für die erste Generation der Exil-Kubaner, die einen größeren Teil ihres Lebens auf Kuba verbracht haben, spielt die Aufrechterhaltung des Bildes einer paradiesartigen Heimat eine große Rolle. Denn anders als große Teile der jüngeren Generation, die in den USA zwischen den Kulturen groß wurden und fließend Englisch sprechen, war ihre Zeit im Exil als temporäre Lösung gedacht, die eine baldige Rückkehr in die Heimat beinhaltete (vgl. Pedraza-Bailey 1985: 10) . Diese Hoffnung besingt ebenfalls Willy Chirino:

> *"yo vivo con la suerte/ de sentirme cubano hasta la muerte/ de ser amante de la libertad (...)/ anunciandole a todos mis hermanos/que nuestro día ya viene llegando (...)/ Ya todo el mundo lo está esperando/ ya viene llegando (...)/ Quiero ver volar mi bandera, Cuba nos espera"*

Einleitend wird erneut die kubanische Identität des Sängers betont. Bemerkenswert erscheint, dass Chirino, der zum Zeitpunkt des Erscheinens des Liedes bereits seit 30 Jahren in den USA lebte, nicht die hybride Identität, die vielen Migranten nach einer gewissen Dauer im neuen Umfeld unterstellt wird, annehmen möchte. Vielmehr beschreibt er seine kubanische Identität sowie den Wunsch nach Rückkehr alternativlos und endgültig. Besonders deutlich wird der gemeinschaftliche, identitätsstiftende Charakter des Liedes, wenn er die Gemeinschaft der Exil-Kubaner als seine Brüder bezeichnet und ebenfalls von „nuestro día" spricht, dem Tag der Rückkehr auf Kuba, den die Exilanten-Gemeinde seit Jahr und Tag herbeisehnt. Im weiteren Verlauf des Liedes illustriert Chirino den Tag des Triumphes über den

Kommunismus auf Kuba. Es werden etwas unzusammenhängend ehemals kommunistische Länder wie Ungarn oder die DDR aufgezählt, die es mittlerweile nicht mehr sind, wobei am Ende der Aufzählung Kuba genannt wird, was mit großem Jubel quittiert wird. Chirinos Lied spricht eine weit verbreitete Sehnsucht innerhalb der Exilanten, besonders der ersten Generation an, wenn er von den Schwierigkeiten seiner Migration singt und das Bild einer glorreichen Rückkehr illustriert und nostalgisch von der Schönheit Kubas erzählt.

Diese Sehnsucht der Exilanten nach der verlassenen Heimat spielt in Gloria Estefans *Mi Tierra* ebenfalls eine zentrale Rolle. Estefans Familie musste bereits kurz nach der Revolution fliehen, da Estefans Vater im engeren Kreis von Fulgencio Batista engagiert war (vgl. people.com 2009: o.S.). Estefan war damals zwei Jahre alt und hat wohl kaum eine tatsächliche Erinnerung an Kuba. Dass die Sehnsucht nach Kuba dennoch eine solch zentrale Rolle in einem ihrer bekanntesten Lieder einnimmt, zeugt von der Allgegenwärtigkeit der Thematik in der Diaspora-Gemeinde. Estefan beschreibt die Trennung von der Heimat als schmerzhaftes Trauma der Exilanten:

> *"La tierra te duele, la tierra te da/ en medio del alma, cuando tú no estás (...)/ la tierra suspira si no te ve más/ la tierra donde naciste, no la puedes olvidar/ porque tiene tus raíces y lo que dejas atrás"*

Bildlich beschreibt sie die seelischen Qualen, die den Exil-Kubanern der Verlust der Heimat bedeutet. Ebenso wie Chirino betont sie die Unabänderlichkeit einer kubanischen Identität, wenn sie die Wurzeln, die einen jeden mit seiner Herkunft verbinden betont. Über dem ganzen Lied liegt eine äußerst melancholische Stimmung, die sie in der gesamten kubanischen Gemeinschaft beobachtet:

> *"Siguen los pregones, la melancolía(...)/ y cada calle que va a mi pueblo/ tiene un quejido, tiene un lamento/ tiene nostalgia como su voz"*

Während Chirino kämpferisch erscheint, was das Schicksal der Exil-Kubaner betrifft, beschreibt Estefan das anhaltende Unglück der Exilkubaner über ihr Schicksal. Dennoch sieht auch sie die Situation nicht als ausweglos an. Die letzten Zeilen ihres Liedes lauten:

> *"aunque estoy lejos yo la siento/ y un día regreso yo lo sé"*

Die Hoffnung auf die Rückkehr in das Heimatland scheint ein wiederkehrendes Motiv in den Texten der kubanischen Diaspora zu sein. Besonders in der ersten Generation ist dieser Wunsch auf Grund der nicht erfüllten Erwartungen bezüglich der Dauer des Exils, verständlich. Das endlose Warten auf politische Veränderungen und das Festhalten an der kubanischen Kultur in der Fremde scheinen die kubanische Identität für diese Gruppe in einem starken Maß ins Zentrum zu rücken. Diese Tendenz wurde auch von Gloria Estefan selbst beobachtet: „Die Generation meiner Eltern, die zur Emigration gezwungen wurde, ist vermutlich konservativer und kubanischer, als die Menschen, die dort geblieben sind." (Wellershoff 2000: 260). Die beiden vorgestellten Lieder affirmieren diese kubanische Identität und projizieren die Erfahrungen und Wünsche vieler Exilanten in großem Maße.

4. Das vorrevolutionäre Kuba in Cabrera Infantes *Ella Cantaba Boleros*

Ella Cantaba Boleros wurde im Jahre 1967 als Teil des Romans *Tres Tristes Tigres* veröffentlicht. Der homodiegetische Erzähler Códac schildert darin in acht, über das Buch verteilten Abschnitten von unterschiedlicher Länge, die Geschichte vom Aufstieg und Fall der exzentrischen Sängerin La Estrella und deren nächtlichen Exzessen. Während Sprache und Struktur von *Tres Tristes Tigres* sehr außergewöhnlich und experimentell wirken, hebt sich der Schreibstil von *Ella Cantaba Boleros* insofern von den restlichen Kapiteln ab, da er traditionell verfassten literarischen Werken ähnelt. Der Handlungsstrang verläuft chronologisch, auf graphische Elemente, wie sie an anderen Stellen in *Tres Tristes Tigres* Verwendung finden, wird verzichtet, durch die Erzählperspektive wird die Dialogizität begrenzt und die im restlichen Buch häufig verwendeten Wortspiele existieren nur vereinzelt. Da *Tres Tristes Tigres* die Form einer literarischen Collage aufweist, in der die Geschichten zwar miteinander verbunden sind, aber auch jeweils alleinstehend Sinn ergeben, erscheint *Ella Cantaba Boleros* auch ohne die restlichen Kapitel als in sich geschlossene Erzählung. Cabrera Infante entschloss sich allerdings erst im Jahr 1995, auf Anraten seines Kollegen Mario Vargas Llosa dazu, *Ella Cantaba Boleros* auch als separate Erzählung zu publizieren (vgl. Alaíde Collins 2007: o.S.).

4.1 Kritik an den Verhältnissen auf Kuba

Bereits das Verfassen an sich von *Tres Tristes Tigres*, und damit auch von *Ella Cantaba Boleros* kann als Kritik an der kubanischen Zensurbehörde verstanden werden. Denn mit seinem Werk versuchte Cabrera Infante ein literarisches Pendant zu dem Kurzfilm *P.M.*, zu schaffen, der zuvor auf Kuba verboten wurde (vgl. Espinoza Contreras 2002: 24f). Der Veröffentlichungszeitpunkt von *Tres Tristes Tigres*, nur ein Jahr nach dem Gang ins Exil legt ebenfalls nahe, dass Cabrera Infante bei dem Verfassen des Werkes sehr stark unter dem Eindruck des endgültigen Bruchs mit der kubanisches Regierung stand.

In *Ella Cantaba Boleros* portraitiert Cabrera Infante in besonderem Maße das Nachtleben Havannas und die Freude am Exzess. Códac und La Estrella, die Protagonisten der Geschichte trinken regelmäßig in den Nachtclubs von Havanna und feiern stark berauscht und von Musik und Sexualität bis in die frühen Morgenstunden. Die Thematik spiegelt sich an vielen Stellen in einem atemlosen und euphorischen Erzählstil wieder, die an vielen Stellen durch ihr Tempo an ein literarisches Äquivalent zu einer filmische Erzählweise erinnern. Obwohl Cabrera Infante in seiner Erzählung jede ausgesprochene ideologische Kritik vermeidet, entsteht ein gedanklicher Kontrast zwischen Cabrera Infantes Kuba und dem aktuellen, realen Kuba. Im Vergleich zu *Ella Cantaba Boleros* lassen sich im realen Kuba die exzentrischen Nachtwesen kaum noch finden, Spaß und Exzesse scheinen einer ernsten Nüchternheit gewichen. Die Vergnügungssucht und die nächtlichen Streifzüge durch Havannas Clubs stehen in einem krassen Gegensatz zu der von der Regierung propagierten freiwilligen Arbeit für das kubanische Vaterland und der Beschneidung individueller Freiheiten zum vermeintlichen Erreichen von größerem Allgemeinwohl. Dass sich das Leben in Havanna nach der Revolution verändern würde, bleibt nicht verschwiegen, sondern wird in der Geschichte kurz angedeutet, als Códac berichtet, dass sich sein Leben in der Gegenwart nicht mehr um das Nachtleben dreht. Dabei steht der erzählerische Tonfall bei der Beschreibung von den euphorisierten Nächten der Vergangenheit im Kontrast zu der melancholischen Stimme, die die Gegenwart beschreibt:

> *„Ahora que llueve, ahora que este aguacero me hace ver la ciudad desde los ventanales del periódico como si estuviera perdida en el humo, ahora que la ciudad está lloviendo recuerdo a La Estrella, porque la lluvia borra la ciudad pero no puede borrar el recuerdo y recuerdo el apogeo de La Estrella como recuerdo cuándo se apagó y dónde y cómo. Ahora no voy por los nailcuses, como decía La Estrella, porque quitaron la censura y me pasaron de la página de los espectáculos a la de actualidad política y me paso la vida retratando detenidos y bombas y petardos y muertos que dejan por ahí para escarmiento, como si los muertos pudieran detener otro tiempo que no sea suyo, y hago guardia de nuevo, pero es una guardia triste."* (Cabrera Infante 1996: 281).

Dieser Betrachtung liegt der Verlust des Lebens, dass Códac früher führte, zu Grunde. Die melancholische Erinnerung an La Estrella, die mit ihrer Maßlosigkeit wie ein Symbol für den Exzess und die Vergnügungssucht im Nachleben von Havanna steht, an das sich Códac erinnert, erscheint hier stellvertretend für die Trauer über einen verloren gegangenen Lebensstil. Diese nostalgische Erinnerung ist der einzige Teil des Buches, der die Gegenwart darstellt. Der Rest der Erzählung, den Códac rückblickend erzählt, stellt dieser tristen Gegenwart ein ausschweifendes, leichtes Lebensgefühl der Vergangenheit gegenüber, das heute verschwunden scheint. Dass Cabrera Infante darauf verzichtet, explizit Kritik an der Politik des heutigen Kuba zu äußern, und stattdessen auf subtile, erzählerische Weise auf den Verlust von verschiedenen Freiheiten verweist, ist sicherlich eine Stärke von *Ella Cantaba Boleros*. Anstatt mit seinem Text belehren zu wollen, wird ein bestehender Unterschied gerade an Hand des nicht Ausgesprochenen verdeutlicht.

4.2 Stilistische Mittel der Darstellung des nächtlichen Havannas

Der Kontrast zwischen Cabrera Infantes Kuba im Werk und der Realität erscheint nicht zufällig so scharf. Vielmehr existieren erzählerische Elemente, die den Unterschied hervorheben und für den Leser ein ganz bestimmtes Bild Havannas zeichnen. So entsprechen viele Elemente der Beschreibung des Nachtlebens in *Ella Cantaba Boleros* dem was Michail Bachtin mit dem Begriff „karnevalisierter Literatur" (Bachtin 1969: 47) bezeichnet. Die darin enthaltene Form der Familiarisierung löst die epische Distanz auf und ersetzt sie durch eine familiäre Form des Kontakts (vgl. ebenda: 50). So wird das Nachtleben Havannas zum Raum für Exzentrik und intimen, vertrauten Kontakt beschrieben, in dem Hierarchien verschwinden und die Gesetze des normalen Lebens außer Kraft sind. Besonders deutlich wird dies bei der Beschreibung der sogenannten *chowcitos*, der kleinen Runde an Personen die nach Ende des Programms in den Bars zusammenbleibt und weiterfeiert. Da jeder der Anwesenden, der die Lust verspürt auf der Bühne dem Publikum etwas vorzuführen, dies tun kann, verschwindet die starre Distanz zwischen aktivem Künstler und passivem Publikum im bunten Treiben von Gleichgesinnten. Stattdessen kommt es zu einer Verbrüderung aller Beteiligten, die sich als Familie verstehen:

> „*Cantó más La Estrella, cantó hasta las ocho de la mañana, sin que nosotros supiéramos que eran las ocho de la mañana hasta que los camareros empezaron a recogerlo todo y uno de ellos, el cajero dijo, Lo sentimos, familia, y quería decir de veras, familia, no decía la palabra por decirla, decir familia, sino que quería decir familia de verdad dijo: Familia, tenemos que cerrar.*" *(Cabrera Infante 1996: 226)*

Durch die homodiegetische Erzählperspektive, in deren Rahmen der Erzähler unmittelbar am Geschehen partizipiert, wird ebenfalls die Distanz des Lesers zum Geschehen aufgehoben. So lässt Cabrera Infante den Leser das Geschehen durch die Augen des Fotografen Códacs sehen. An einer Stelle setzt der logisch aufgebaute Erzählstil bei der Beschreibung eines nächtlichen Spaziergangs durch Havanna im Alkoholrausch aus (vgl. ebanda: 277ff). Es entstehen unlogische Handlungssprünge, die den gefühlten Zustand Códacs imitieren und der Erzählstil wirkt abgehackt und stark beschleunigt. Auf diese Art wird beim Leser das Gefühl erzeugt, er sei ebenfalls Teil der nächtlichen Eskapaden und nicht nur ein Beobachter von außen des verwirrten Códacs zu sein. Ein weiteres Beispiel findet sich bei der Betrachtung von La Estrella. Durch Códacs Augen durchschaut der Leser die groteske Hässlichkeit an ihrer Oberfläche und erkennt in ihr die authentische Schönheit, die in ihrer tiefen Gesangstimme und ihrer außergewöhnlich dunklen Hautfarbe liegt und damit im Gegensatz zur oberflächlichen Schönheit von Cuba Venegas steht.

4.3 La Estrella als Symbol für das vorrevolutionäre Kuba

Um die Figur der La Estrella richtig einordnen zu können ist es wichtig zu betonen, dass sie auf der realen kubanischen Sängerin Fredesvina García beruht (vgl. Espinoza Contreras 2002: 26). Fredesvina García, die unter dem Künstlernamen Freddy bekannt wurde wog 300 Pfund, hatte eine markante dunkle Stimme und sang neben ihrer Tätigkeit als Köchin in Bars, bevor sie vom Direktor des Hotels Capri entdeckt wurde. Sie nahm in ihrer Karriere nur ein Album auf, auf dem sie zwölf verschiedene Boleros singt, und starb nach mehreren Reisen mit 31 Jahren außerhalb Kubas an einem Herzinfarkt (vgl. Alaíde Collins 2007: o.S.). Außerdem sang Freddy wie La Estrella in Havannas Nachtclubs ihre Lieder a cappella, auch wenn sie sich nicht gegen Begleitung wehrte (vgl. Espinoza-Contreras 2002: 42). In einem ihrer Lieder singt sie:„dicen que soy una estrella,/ que me convertí en una de ellas/ para brillar en la eterna noche" (vgl. Alaíde Collins 2007: o.S.).

Einer der Gründe warum Cabrera Infante eine Figur, die auf Freddy beruht, ins Zentrum einer seiner Geschichten gesetzt hat, mag der sein, dass Freddy in den Jahren vor der Revolution bekannt wurde, aber danach in Ungnade fiel und „as perverse, as decadent, as nonnational, nonvirile, nonhygienic, effeminate" (Quiroga 2000: 121) angesehen wurde. Damit spiegelt Freddys Geschichte ebenfalls den Höhepunkt und Fall des Nachtlebens von Havanna wieder, wie es in *Ella Cantaba Boleros* beschrieben wird.

Die Geschichte von La Estrella ist ebenfalls eng mit dem Leben in den Nachtclubs verknüpft. Sie steht für den nächtlichen Exzess und die Vergnügungssucht, aber auch für die Reinheit des Boleros und damit eine authentische kubanische Identität (vgl. Espinoza-Contreras 2002: 39). Hierbei ist hervorzuheben, dass das Afrokubanische für Cabrera Infante eine wichtige Rolle für die kubanische Identität einzunehmen scheint. Für die weiße kubanische Oberklasse stellt La Estrella als hässliche, arme, trinkende Frau, die bei einem homosexuellen Pärchen lebt, sicherlich eher eine Außenseiterin als eine legitime Repräsentantin ihres Landes dar (vgl. ebenda: 28). In ihrer Figur spiegelt sich der Antagonismus, dem die Afrokubanische Gemeinde der Fünfziger Jahre ausgesetzt ist, wieder. Sie repräsentiert auf der einen Seite die Authentizität der kubanischen Musik, ist aber auf der anderen Seite eine geächtete Außenseiterin, die in der Gesellschaft keinen Platz findet (vgl. ebenda: 39). Für Códac ist sie jedoch der Teil der Bevölkerung Kubas, der es erst zu einem lebenswerten Ort macht:

> *"Es negra, negra negra, totalmente negra, y empezamos a hablar y pensé que qué país más aburrido sería éste si no hubiera existido el padre Las Casas y le dije, Te bendigo, cura, por haber traído negros del África como esclavos para alivar la esclavitud de los indios que de todas maneras ya se estaban acabando, y le dije, Cura te bendigo, has salvado este país" (Cabrera Infante 1996: 221).*

Dass La Estrella ausschließlich Boleros und ausschließlich ohne Begleitung singt, unterstreicht einerseits sicherlich die Reinheit des kubanischen Boleros, für den sie steht. Auf der anderen Seite repräsentiert sie damit aber auch Werte wie Individualität und die Autonomie der Entscheidung. Gerade als kubanische Künstlerin steht ihre Figur damit im Widerspruch zu der kubanischen Politik in den Jahren nach der Revolution, in denen Kunst ausschließlich der Verbreitung der Ideen der Revolution dienen sollte. In diesem Kontext erscheint eine selbstständige, nicht angepasste Künstlerin, die ausschließlich aus Freude an der Musik singt, wie eine subversive Provokation (vgl. Espinoza-Contreras 2002: 40).

Das Talent von La Estrella lag besonders in den *chowsitos*, in denen sie in kleiner, familiärer Runde ihre einzigartigen Versionen bekannter Boleros sang. Ihr Charakter ist somit eng mit dem, von Cabrera Infante beschriebenen Nachtleben verbunden. Sie erscheint als Gestalt der Nacht, die den ganzen Tag über schläft und nur für die Nächte zu leben scheint, in denen sie in ihrem Element ist und glänzen kann. Als sie einen Plattenvertrag bekommt und außerhalb der *chowsitos* auftritt, geht ihre Wirkung auf Códac verloren (vgl. ebenda: 32). Durch diese enge Verbindung mit dem vorrevolutionären Nachtleben wird ihr Charakter ebenfalls zu einem Symbol für das vergangene Kuba, das Cabrera Infante in *Ella Cantaba Boleros* beschreibt.

4.4 Erinnerung und Vergessen

Die Thematik von Erinnerung und Vergessen spielt eine wichtige Rolle in *Tres Tristes Tigres* und *Ella Cantaba Boleros*. Sie besteht bereits durch die Rahmenbedingungen der Entstehung des Romans von Cabrera Infante. Das Verfassen des Buches selbst kann als Versuch gewertet werden, den Film *P.M.* dem Vergessen zu entreißen, das ihm durch das Verbot auf Kuba drohte. In *Ella Cantaba Boleros* betont Cabrera Infante weiter die in seinen Augen essentielle Wichtigkeit des Boleros für die kubanische Kultur. Die Verlagerung vom Unterhaltungswert auf den Nutzen der Kunst sorgte dafür, dass vor allem die *Nueva Trova*, die kubanische Form der Protest-Lieder von der Regierung gefördert wurde. Mit *Ella Cantaba Boleros* versucht Cabrera Infante das vom Vergessen bedrohte kubanische Kulturgut des Boleros vor dem Vergessen zu bewahren (vgl. ebenda: 35). Auch wenn sich Códac an einigen Stellen des Buches über Texte und Künstler des kubanischen Boleros lustig macht, rückt er die authentisch kubanische Schönheit des Boleros in den Vordergrund, indem er La Estrella ihn neu erfinden lässt. Die Themnatik des Vergessens wird durch Códac, den Fotograf, der mit seinen Bildern die Vergangenheit festhält, ebenfalls explizit erwähnt: „en dos años ella estará olvidada y eso es lo más terrible, porque la única cosa por que siento un odio mortal es el olvido" (Cabrera Infante 1996; 290). Hier lässt Cabrera Infante durch Códac seine eigene Motivation durchscheinen. Códac bezieht seine Aussage auf La Estrella und ihre Musik, während Cabrera Infante gegen das Vergessen des Boleros anschreibt. Da liegt es nahe diese Aussage unter Einbeziehung des Exils von Cabrera Infante auch auf die Erinnerung an Kuba zu beziehen, die, wie bereits erwähnt, für die kubanischen Exilanten eine stetige und ausgesprochen wichtige Komponente in ihrem Leben darstellt. Erinnerung und Vergangenheit werden nicht nur durch Códac im Buch thematisiert. So sagt Alex Beyer im Gespräch mit Códac:

> „¿Se me olvida algo? Sí, decirte que prefiero la libertad a la justicia. Ama a La Estrella. Pero por favor, ayúdala a ser famosa, hazla llegar, líbranos de ella. La adoraremos, como a los santos, místicamente, en el éxtasis del recuerdo." (Cabrera Infante 1996: 242).

Die wohl nicht ganz zufällige Gegenüberstellung der Begriffe Freiheit und Gerechtigkeit scheinen ein deutlicher Indikator, dass Cabrera Infante sich an dieser Stelle auf Kuba bezieht. Sieht man La Estrella als Symbol für das verlorene Kuba an, so wird der Bezug zu Erinnerung und Verlust der Heimat besonders deutlich:

5. Identität und *Erinnerung: Café Nostalgia*

Anders als in *Tres Tristes Tigres* thematisiert Zoé Valdés in *Café Nostalgia* direkt ihre persönlichen Erfahrungen im Pariser Exil. Die Protagonistin ihres Romans beschreibt darin anhand von vielen Rückblicken ihre ausschweifenden Jugenderlebnisse auf Kuba und ihr ereignisreiches Leben nach der Emigration. Die Gegenwart wird im Werk der Vergangenheit gegenübergestellt, die in nostalgischen Bildern von der Heimat ihrer Jugend berichtet. Kuba wird hierbei aber vor allem als Land der Gegensätze beschrieben, das aus der Distanz in Momentaufnahmen von verschiedenen Orten in Havanna mal als verlorenes Paradies und an anderen Stellen als abschreckender Ort voller sozialer Repressalien und traumatischer Jugenderlebnisse erscheint. Das Pariser Exil erscheint dagegen als Ort, in dem die nostalgische Erinnerung an Kuba ausgelebt wird, der aber niemals den Stellenwert einer zweiten Heimat erlangen könnte. Die Erinnerung und der Verlust der Heimat überlagern zu sehr die Gedanken der Protagonistin. Anhand vieler Briefe und eines kompletten Drehbuchs, die Teile des Buches darstellen, werden auch die Gedanken anderer Mitglieder der kubanischen Diaspora aufgezeigt, die mitunter sehr gegensätzlich erscheinen und teilweise einen Querschnitt durch verschiedene vertretene Meinungsbilder und den unterschiedlichen Umgang der Exilanten mit ihrem Schicksal geben. Der einfache und nostalgisch verklärte Schreibstil, der mitunter die detaillierte Beschreibungen von den sexuellen Erlebnissen der Protagonistin beinhaltet, steht im Gegensatz zu intellektuell anspruchsvollen Verweisen im Buch auf die Erinnerungsthematik im Werk von Marcell Proust oder auf die Gobelin-Tapisserie *Die Dame mit dem Einhorn*, der die Unterteilung der Kapitel nachempfunden ist (vgl. Borchmeyer 2004: o.S.). Durch diesen Kontrast entsteht ein widersprüchlich wirkendes Werk, was Florian Borchmeyer treffend als „hochintellektueller Dreigroschenroman mit dem Anspruch anticastritischer Erbauungsliteratur" (ebenda) bezeichnet.

5.1 Vergangenheit und die Erinnerung an Kuba

Bereits im Titel wird Nostalgie und damit auch Erinnerung als zentrales Thema des Werkes hervorgehoben. Marcela, die Protagonistin des Romans, führt zudem ein Leben, das in der Vergangenheit stehen geblieben scheint und durch die Erinnerung an ihre Heimat bestimmt ist. Dies wird im Buch stilistisch betont, indem Valdés Marcela ihre Lebensgeschichte retroperspektivisch erzählen lässt, während die Gegenwart nur einen kleineren Teil der Geschichte einnimmt. Der Erzählton der Gegenwart und der jüngeren Vergangenheit ist zudem oft nostalgisch gefärbt, und erscheint zurückgewandt, so wie in der einleitenden Szene, als Marcela, über ihren Namen grübelnd, die Verbindung zwischen ihrem Namen und ihrer Identität herstellt:

> „lo que le interesaba era mi nombre, así de sencillo. Entonces quedé en blanco unos segundos; frente a mí una escultura en la cual predominaba como sugestión el tema marino ayudó a que recuperara mi cicatriz de nacimiento, la identidad. El encrespamiento del bronce trajo a mi memoria el olor del mar

> como referencia: (...) caracoles regogidos en la arena y a mis tobillos vendrían en busca de refugio cientos de alocados peces... ¡Ah, ya recuerdo!, exclamé retando a las neuronas; las tres letras de esta palabra son las mismas que las tres primeras de mi nombre!" (Valdés 1997: 9f)

In ihren Gedanken stellt Marcela damit eine unabänderliche Verbindung zwischen ihrer Identität und ihren Wurzeln, und damit auch dem Leben auf der kubanischen Insel her, wie es auch schon in den Liedern von Willy Chirino und Gloria Estefan zum Thema wurde. Es scheint so, als ob Marcela eher die Antwort auf die Frage, wer sie sei, als auf die Frage nach ihrem Namen sucht. Die von ihr konstruierte Verbindung zwischen ihrem Namen, also einer unabänderlichen Konstante und ihrer, an eine maritime Thematik gekoppelten Identität, stellt ebenfalls die zeitlose Verbindung zu ihrer kubanischen Vergangenheit in den Vordergrund, die mit dem Leben im Exil nicht verschwimmt. Dass Zoé Valdés diese Gedanken an den Beginn des Buches stellt, mit dem die Protagonistin in das Werk eingeführt wird, unterstreicht wiederum die Wichtigkeit dieser Facette Marcelas. Die Unabänderlichkeit des Kubanischen in ihr wird an einer anderen Stelle noch expliziter dargestellt:

> „Nada podrá amortigar nuestros impulsos musicales, por muy europeos que anhelemos ser algunos, el atropello y la zarabanda del rimo le gana la partida de las Estaciones de Vivaldi." (ebenda: 198)

Die Problematik der Identität im Exil stellt sich daher für Marcella nur sehr bedingt. Während viele Exilanten über die Jahre eine hybride Identität entwickeln, in deren Rahmen das Verhältnis zwischen den Wurzeln in der Vergangenheit und der Lebensrealität in der Gegenwart stetig neu definiert wird, lebt Marcela in der Vergangenheit anhand ihrer Erinnerungen und betont in ihren Gedanken ihren reinen kubanischen Ursprung, der sie unabänderlich von Europäern unterscheidet. Damit wird wiederum Marcellas Verankerung in der Vergangenheit und in ihren Erinnerungen deutlich.

Die Erinnerung als dominantes Thema wird ebenfalls durch Marcelas Obsession mit dem Werk von Marcel Proust betont, in dessen Hauptarbeit *À la recherche du temps perdu* die Thematik der Erinnerung eine zentrale Stellung einnimmt (vgl. Corbineau-Hoffmann 1983: 60). Wie deutlich Valdés diese Verbindung zwischen Marcela und Marcel Proust herstellen möchte, belegt ebenfalls die von ihr gewählte Namensgebung ihrer Protagonistin, die an den Vornamen Prousts angelehnt ist und damit erneut der Charakterisierung ihrer Protagonistin dient.

Die bildhafte Erinnerung an Kuba, die im Erzählstrang eine wiederkehrende und bestimmende Komponente darstellt, ist durch einen nostalgischen Erzählstil bestimmt, wobei häufig die Emotionen durch konkrete Erinnerung wie an Orte auf Kuba (vgl. Valdés 1997: 13,

35) oder an das Meer gekoppelt erscheinen (vgl. ebenda: 13f). Obwohl Marcella auch viele negative Erinnerungen hat, erscheint ihre Sehnsucht nach Kuba dazu in keinem Widerspruch zu stehen, da sie trotz vieler Probleme in der alten Heimat ihr Schicksal als Exilantin nicht als frei gewählt empfindet, sondern sich viel mehr zum Verlassen Havannas durch äußere Umstände genötigt ansah: „París ha sido mi cuartel. La Habana, mi idilio." (ebenda: 49). Dies wird ebenfalls durch Marcelas Sprache deutlich, die in ihren Erzählungen nie von „Cuba" spricht, sondern den Namen ihrer alten Heimat über das ganze Buch hinweg durch „Aquella Isla" (ebenda: 197) ersetzt. Es erscheint, als ob das Aussprechen des Namens ihres Ursprungslandes ihr erst den Verlust desselbigen wieder vor Augen führen und ihr damit seelische Schmerzen bereiten würde (vgl. Borchmeyer 2004: o.S.). Jede Erinnerung an Havanna scheint in ihr extreme Gefühle hervorrufen zu können. Diese Tendenz zeigt sich aber auch bei anderen Kubanern im Buch. So kommt es zu einem Moment großer Rührung; als ein befreundeter Kubaner Marcela und Samuel eine Mamey-Frucht schenkt (vgl. Valdés 1997: 274), oder beim Betrachten eines Stadtplans von Havanna (vgl. ebenda 325).

Marcelas Sehnsucht nach der Vergangenheit erweist sich als Dilemma. Während sie in vielen Momenten von der Schönheit Kubas träumt oder in Erinnerungen an ihre Jugend schwelgt, wird klar, dass es kein Zurück für sie gibt, und dass ein Kuba wie in ihrer Vorstellung für sie nicht mehr existiert, wodurch das Leben im Exil ihre einzige Möglichkeit bleibt.

> „tampoco he analizado por qué sueño tanto mientras leo y siempre con lo mismo, con arena y playa, con Samuel, con mis amigos, con mi madre, con ciertos lugares de la ciudad que ni siquiera existen más en la ciudad original. Tal vez por esa sea mejor leerla y soñarlaque vivirla, que olfatearla." (ebenda: 16f)

Durch ihre tiefe Verwurzelung in Kuba, die sich selbst durch viele Jahre im Exil in den USA und Paris nicht löst, und ihr Leben anhand von Erinnerungen wird sie jedoch immer auch im Exil eine Fremde bleiben. Sie erkennt diese Gefahr und die Angst vor dieser Heimatlosigkeit verfolgt Marcela ebenfalls:

> „de nuevo me atacó la angustia de no poder recuperar un sitio en el mundo, un espacio en mi isla imaginaria, un lugar donde por fin pudiéramos hallarnos todos reunidos" (ebenda: 312).

Die Erinnerung in *Café Nostalgia* ist nicht nur das Refugium der Protagonistin, in das sie vor einer schwer erträglichen Außenwelt flieht. Offensichtlich spendet die Erinnerung an die Vergangenheit Marcella auf der einen Seite zwar Trost, erweckt aber andererseits auch die schmerzhafte Erkenntnis, dass die Heimat verloren ist. Zudem leidet sie als erwachsene Frau unter ihrer fehlenden sexuellen Befriedigung, die durch ein Trauma in ihrer Jugend ausgelöst wurde. Fälschlicherweise glaubt sie, dass die Liebesbriefe, die sie einem verheirateten Mann geschickt hatte, dafür verantwortlich wären, dass seine Frau ihn bei lebendigem Leibe verbrannt hat. In diesem Kontext wird auch die Thematik des Vergessens in das Buch eingeführt.

> *„¿Los* sueños simbolizan lo olvidado? *¿Constituyen nuestro exclusivo espacio real de libertad? Olvidar y libertad no tienen por qué contradecirse, pueden ser complimentarios. ¿Olvidar nos libera de las pesadillas? ¿Olvidar libera?No estoy segura (...) Cuando* sueño oigo lo borrado del recuerdo" (ebenda: 115)

Die Erinnerung wird also als alternativlos betrachtet. Das Vergessen der Vergangenheit ist unmöglich, da sie in den Träumen wiederkehrt. Für Marcela bedeutet dies, dass die Erinnerung an Kuba weiter unauslöschlich ein Teil ihrer Vergangenheit und damit ein Teil ihrer Identität bleiben wird, die für sie mitunter schmerzlich ist.

5.2 Die kubanische Diaspora in *Café Nostalgia*

Wie zur Illustration des ursprünglichen Begriffs der Diaspora, der aus dem Griechischen stammt und auf Deutsch „Verstreutheit" bedeutet, beschreibt Valdés in *Café Nostalgia* an vielen Stellen anschaulich, wie sehr die kubanische Diaspora in der ganzen Welt verstreut ist. Bereits im ersten Kapitel erstellt Marcela eine Liste ihrer Bekannten im Exil und fügt bei einigen ihre Wohnorte hinzu, die sich über Miami, Buenos Aires, Teneriffa, Caracas, Paris und Mexiko erstrecken. Je länger die Liste wird, desto weniger Details werden über Marcellas Bekannte verraten, so dass am Ende auch keine Wohnorte mehr mitgeteilt werden (vgl. ebenda: 20ff). So entsteht der Eindruck, dass vermutlich noch viele weitere Wohnorte existieren. Später im Buch berichtet Marcella in einer ähnlichen Auflistung von weiteren kubanischen Freunden aus New Jersey, Ecuador, New York, Bogotá und Guadalajara (vgl. ebenda: 127).

In *Café Nostalgia* wird die kubanische Diaspora als stetig wachsend, gut vernetzt und mit einem ausgeprägtem Verlangen nach Gesellschaft von anderen Kubanern und allem was heimisch erscheint, dargestellt:

> *„Los cubanos se bajan del avión de AOM y van directo al guarachao. Cada vez sumamos más en esta ciudad. Cada vez somos más numerosos los desperdigados por el mundo. Estamos invadiendo los continentes; nosotros típico isleños que, una vez fuera, a lo único que podemos aspirar es el recuerdo"* (ebenda: 126)

Der hohe Grad an Vernetzung wird auch durch Marcelas Geschichte betont. So erwarten sie zuhause ständig die Anrufe, Faxe und Briefe ihrer Bekannten im Exil aus sämtlichen Teilen der Welt, durch die sie Neuigkeiten über deren Leben oder das von auf Kuba verbliebenen Bekannten erhält. Marcela bezeichnet sich sogar in diesem Kontext als „esclava del teléfono" (vgl. ebenda: 127), womit sie ihre Abhängigkeit von dem Kontakt zu den anderen Exilanten betont. Der hohe Grad an Verstreuung über die Welt wird somit durch einen hohen Grad an Vernetzung, die durch erschwingliche Preise zur Nutzung von Kommunikationsmedien erleichtert wird, relativiert. Die Motivation zur aufwendigen Instandhaltung der entfernten Freundschaften liegt in der Heimatverbundenheit der kubanischen Diaspora, die im stetigen Austausch miteinander, ganz im Stile des *Mémoire collective* die geteilte Erinnerung an die alte Heimat am Leben erhalten. Passend dazu formuliert Marcela ihre Beobachtung, dass die Exilkubaner im Ausland nur noch in ihrer Erinnerung leben (vgl. ebenda: 126).

Trotz aller Verbundenheit stellt Valdés die kubanische Diaspora nicht als homogene Gruppe dar. Konflikte innerhalb der Gruppe sind zwar nur Randerscheinungen des Buches, es wird aber von verschiedenen Standpunkten zur kubanischen Innenpolitik berichtet, die emotional und mitunter handgreiflich innerhalb der Diaspora diskutiert werden (vgl. ebenda: 257).

Valdés Beschreibung der kubanischen Diaspora scheint sich größtenteils mit den aus der Forschungsliteratur bezogenen Informationen zu decken. Da sie selbst Teil der kubanischen Diaspora in Paris ist, wundert diese Erkenntnis kaum, da davon ausgegangen werden kann, dass sie viele autobiographische Elemente des Exils in ihren Roman übernommen hat.

5.3 Politische Kritik im Werk

Zoé Valdés legt ihrer Protagonistin Marcela kaum direkte kritische Worte an den Verhältnissen auf Kuba in den Mund. Vielmehr zeigt sich die für Valdés Werk typische Kritik an den kubanischen Verhältnissen durch ihre Beobachtungen, Überlegungen oder die Nachrichten von befreundeten Kubanern. Außerdem kommt es zu expliziter Kritik in Diskussionen durch Freunde der Protagonistin.

> „¿Y qué es lo que es tuyo? „¿Qué es lo que debe pertenecerte?Pero qué manía de popietario de esta isla tiene todo el mundo aquí. Yo no quiero que ningún país sea mío. Yo sólo quiero que sea míolo que me gane con el sudor de mi frente." (ebenda: 105)

Die Aussage stammt von einer Freundin Marcelas, als diese noch in Kuba lebte. Hier wird eindeutig ein Gegensatz zwischen dem kommunistischen Gedanken des Allgemeinbesitzes, in dessen Rahmen jedem alles gehört, und dem Verlangen Enmas nach einer gerechten Entlohnung ihrer Arbeit und nach Privatbesitz geschaffen. Die Kritik wird so zwar direkt im

Werk geäußert, kommt aber im autodiegetisch erzählten Werk durch eine Stimme von außen zu Wort. Valdés vermeidet es somit, dass die geäußerte Kritik als ihre eigene erscheint und verleiht ihr somit einen objektiveren Tonfall.

Ebenfalls durch die passive Stimme einer ansonsten im Buch nicht vorhandenen Freundin Marcelas werden über mehrere Seiten im Buch Katastrophenmeldungen und negative Schlagzeilen, die Kuba betreffen, aneinandergereiht. Durch das besondere Ausmaß der Aneinanderreihung soll beim Lesen wohl das Ausmaß der sozialen und humanitären Probleme Kubas verdeutlicht werden. Dies erscheint naheliegend, da Valdés im Roman ihrer Unzufriedenheit mit der öffentlichen Wahrnehmung der Lage auf Kuba zum Ausdruck bringt. So kritisiert Marcelas Freundin einleitend zu ihrer Auflistung die weltweite Öffentlichkeit, die in ihren Augen die kubanischen Probleme weitgehend ignoriert (vgl. ebenda: 339) und schließt die Aufzählung mit einem kämpferischen Appell, die Probleme Kubas in die Öffentlichkeit zu tragen (vgl. ebenda: 345). An anderer Stelle erklärt Marcella ihre eigene Frustration mit Berichterstattung in der Presse zu Kuba:

> „*En la portada del periódico aparece un escrito sobre Aquella Isla, lo doblo por la parte contraria, para eviitar salarme el día con el cuento chino habitual. Total, es como si una leyera el mismo artículo: belleza insular, tropicalidad, musicalidad, jineterismo, salud y educación diz que garantizadas, una pequeña dosis de pobreza por culpa del embargo, otra mínima cantidad de disidentes (...) Abreviando, la pendejada nuestra de cada día. Da la impresión de que los periodistas se cogen el viaje pagado por el diario para vacilar la gozadera y luego copian como unos mulos de otros artículos a su vez copiados de otros"* (ebenda: 121)

In deutlichen Worten zeigt sich hier Valdés Frustration über die öffentliche Wahrnehmung der Situation auf Kuba. Berichte über eine erfolgreiche Sozialpolitik auf Kuba oder solche, die Kuba als Reiseziel in den Vordergrund stellen, erschienen Marcela wohl als unangebracht, da sie den Mangel an persönlichen Freiheiten und Lebensqualität relativieren. Es ist davon auszugehen, dass Valdés mit ihrem Roman versucht, den öffentlichen Diskurs durch die von ihr im Buch dargestellte Kritik mitzubestimmen und den in ihren Augen linken Medien aus Europa einen authentischeren Blick, der aus ihrer persönlichen Erfahrung her rührt, entgegenzustellen.

Die detaillierte Beschreibung von Marcelas sexuellen Ausschweifungen und Orgien kann ebenfalls als Versuch der Schaffung einer Gegenposition zur utilitaristischen Philosophie bezüglich der Kunst seitens der kubanischen Regierung gewertet werden. Auch die schwierige Lage der Homosexuellen auf Kuba ist für Valdés ein Anliegen (vgl. Jocks 2004: o.S.) womit die Darstellung der Homosexualität ein Versuch der Provokation gegenüber der kubanischen Zensur darstellen kann.

6. Schluss

Bei der Untersuchung von *Ella Cantaba Boleros* und *Café Nostalgia* fällt auf, dass die Thematisierung von Erinnerung und Vergessen ebenso wie die Kritik an den Verhältnissen im postrevolutionären Kuba eine zentrale Rolle spielen. Obwohl zwischen den Daten der Erstveröffentlichung der beiden Romane dreißig Jahre liegen, besitzen die verarbeiteten Themen eine zeitlose Aktualität in den Gedanken der kubanischen Diaspora. Der beschriebene kubanische Patriotismus in Zusammenhang mit der Unmöglichkeit einer Rückkehr des Großteils der im Ausland lebenden Kubaner scheinen die Konstanten im Leben der Exil-Kubaner zu sein, die die Fokussierung auf ein nostalgisches Bild der Vergangenheit bedingen. Die Regelung, die eine Rückkehr nach Kuba für die Migranten ausschließt, stellt eine Besonderheit im Migrationsprozess dar. Die Entscheidung zur Migration wird so zu einer permanenten Entscheidung, deren Auswirkungen den gesamten Rest des Lebens der Migranten betreffen (vgl. Blanco 2011: 41). Folge des Ausschlusses aus dem Heimatland sind nachvollziehbare Animositäten seitens der Exil-Kubaner gegen die Verantwortlichen dieses Ausschlusses, weshalb eine kritische Sichtweise bezüglich kubanischer Innenpolitik keine Seltenheit in den Werken der Diaspora darstellt. Ob die jüngste kubanische Migrationsreform, die am 24. Oktober 2012 im kubanischen Staatsfernsehen verkündet wurde, wonach Menschen, die nach 1994 Kuba verlassen haben und 8 Jahre im Ausland gelebt haben, wieder einreisen dürfen (vgl. Der Standart 2012: o.S.), hier eine wesentliche Änderung bringen wird, bleibt abzuwarten.

Mehr als ein halbes Jahrhundert nach der kubanischen Revolution ist jedoch eine neue Generation innerhalb der kubanischen Diaspora herangewachsen, die zwar eine starke Identifikation mit der Heimat der Eltern aufweist, jedoch außerhalb Kubas sozialisiert wurde. Dieser neuen, stetig wachsenden Gruppe stellen sich völlig neue Fragen bezüglich ihrer hybriden Identität und der Welten, zwischen denen sie aufwachsen. Die Thematik tauchte bereits Ende der siebziger Jahre im öffentlichen Diskurs auf, als 55 junge Exilkubaner zum Ärger ihrer Eltern, von Miami aus, auf der Suche nach kultureller und politischer Identität das postrevolutionäre Kuba besuchten. Die Dokumentation *55 Hermanos*, die den Besuch als Dokumentarfilm festhielt, zeugt von dem Leid und der Ungewissheit, mit denen Exilanten und Zurückgebliebene konfrontiert werden (vgl. Pedraza Bailey 1985: 21). Die Frage nach Herkunft und Identität stellt sich der zweiten Migrantengeneration mit Vehemenz, da ihre Elterngeneration mit besonderem Nachdruck eben ihre kubanische Identität betont. Daraus entsteht ein Dilemma, das Gloria Estefan, auf ihre nationale Identität angesprochen, auf den Punkt bringt:

> „Eigentlich fühle ich mich weder als richtige Kubanerin noch als Amerikanerin: Ich bin eine Fremde - eigentlich überall. Kuba ist mir fern, weil ich es im Grunde nur aus Erzählungen kenne, und es ist mir nah, eben weil mir zu Hause dauernd davon *berichtet wurde.*" *(Wellershoff 2000: 260)*

Diese Nähe zu einem Land, an das sie keine eigene Erinnerung hat, scheint bemerkenswert, aber erklärt sich aus der Nachdrücklichkeit, mit der die Erinnerung an die alte Heimat in der kubanischen Diaspora gepflegt wird, was auch den beiden vorgestellten Autoren ein ausgesprochenes Anliegen ist. Auf diesem Wege kämpfen Exil-kubanische Kulturschaffende gegen das Vergessen der kubanischen Kultur und scheinen damit erfolgreich zu sein. Cabrera Infante erzielte mit seinem Anliegen, den puristischen, kubanischen Bolero dem Vergessen zu entreißen, besonderen Erfolg. So erschien Ende der neunziger Jahre ein Musikalbum unter dem Titel *Ella Cantaba Boleros*, auf dem sich ausschließlich mit der Gitarre begleitete Boleros finden (vgl. Alaíde Collins 2007: o.S).

Literaturverzeichnis

ALTMEYER, (2002):

BACHTIN, Michail (1969): Der Karneval und die Karnevalisierung in der Literatur, in: KAEMPFE, Alexander (Hrsg.): Literatur und Karneval. Zur Romantheorie und Lachkultur, S. 47-60. Hanser Verlag, München.

CABRERA INFANTE, Guillermo (1996): Ella Cantaba Boleros. Alfaguara, Madrid.

CORBINEAU-HOFFMANN, Angelika (1983): Marcel Proust. Wissenschaftliche Buchgesellschaft, Darmstadt.

HAGE, Volker (1996): Im Bett mit dem Vaterland, in: Der Spiegel 16/1996, S. 246-248.

NEUMANN,:

QUIROGA, José (2000): Boleros, Divas and Identities, in: FERNÁNDEZ, Damián; CÁMARA, Madeline (Hrsg.): Cuba, the Elusive Nation: interpretations of a National Identity, S. 116-133. University Press of Florida, Gainesville.

VALDÉS; Zoé (1997): Café Nostalgia. Planeta, Barcelona.

WELLERSHOFF, Marianne (2000): Überall eine Fremde, in: Der Spiegel 20/2000, S. 260-261.

ZUBER, Helene (1993): Jagd nach den grünen Scheinen, in: Der Spiegel 33/1993, S. 106-108.

Internetquellen

ALAÍDE COLLINS, Zazil (2007): La música popular en *Ella cantaba boleros*. URL: http://www.letralia.com/158/articulo03.htm [Eingesehen am: 25.10.2012]

BERGER, Timo (2005): Meister des Wortspiels. Zum Tod des kubanischen Schriftstellers Guillermo Cabrera Infante, URL: http://www.lateinamerikanachrichten.de/index.php?/artikel/573.html [Eingesehen am 26.10.2012]

BLANCO, Juan Antonio (2011): The Cuban Diaspora in the 21st Century. URL: http://diasporaydesarrollo.com/index.cfm/files/serve?File_id=55da0665-6379-4b7c-a6bb-5f179e625dc9 [Eingesehen am: 25.10.2012]

BORCHMEYER, Florian (2004): Die Infame mit dem Einhorn. Kuba zwischen parteitag und Prostitution: Zoé Valdés Exilroman, URL: http://www.faz.net/aktuell/feuilleton/buecher/rezensionen/belletristik/die-infame-mit-dem-einhorn-1163901.html [Eingesehen am 26.10.2012]

DER STANDART (2012): Kuba will Heimkehr von Flüchtlingen erlauben, URL: http://derstandard.at/1350259348885/Kuba-will-Heimkehr-von-Fluechtlingen-erlauben [Eingesehen am 26.10.2012]

ESPINOZA CONTRERAS, Telba (2002): La música popular como arena de negociación en la lieratura caribeña contemporánea, URL: http://etd.lsu.edu/docs/available/etd-04142009-201914/unrestricted/Espinoza_thesis.pdf [Eingesehen am 26.10.2012]

GLORIA ESTEFAN ALBUM & SONG CHART HISTORY (2012): Chart History, URL: http://www.billboard.com/#/artist/Gloria+Estefan/chart-history/4564?f=363&g=Singles [Eingesehen am 26.10.2012]

HAMMERSCHMIDT, Claudia (2005): Rückblick auf Guillermo Cabrera Infante von der anderen Seite des Spiegels, URL: http://www.iai.spk-berlin.de/fileadmin/dokumentenbibliothek/Ibero-Online/004_.pdf [Eingesehen am 26.10.2012]

HENKEL, Knut (2010): Kubanische Salsakapelle auf US-Tour. URL: http://www.taz.de/1/archiv/digitaz/artikel/?ressort=ku&dig=2010%2F02%2F24%2Fa0021&c Hash=2bf3aad8204d4daca20b6d21d73f165e [Eingesehen am: 25.10.2012]

JOCKS, Heinz-Norbert (2004): Gegenwärtige Vergangenheit. Zoé Valdés: „Café Cuba", URL: http://www.dradio.de/dlf/sendungen/buechermarkt/284650/ [Eingesehen am 26.10.2012]

PEDRAZA-BAILEY, Silvia (1985): Portrait of a Refugee Migration, URL: http://www.latinamericanstudies.org/exile/portrait.pdf [Eingesehen am 26.10.2012]

PEOPLE.COM (2009): Gloria Estefan Could Have Been a Spy, URL: http://www.people.com/people/article/0,,20262951,00.html [Eingesehen am 26.10.2012]

RAINSFORD, Sarah (2012): Cuba's ban on anti-Castro musicians quietly lifted. URL: http://www.bbc.co.uk/news/world-latin-america-19174552 [Eingesehen am: 25.10.2012]

SANTIAGO, Fabiola (2003): Exiles in Culture, URL: http://www.latinamericanstudies.org/exile/exiles-culture.htm [Eingesehen am 26.10.2012]

WILLY CHIRINO OFFICIAL WEBSITE (2012): Biography, URL: http://www.willychirino.com/en/biography.html [Eingesehen am 26.10.2012]

WILLY CHIRINO – AMERICAN SABOR (2012): Biography Willie Chirino, URL: http://americansabor.org/musicians/willy-chirino [Eingesehen am 26.10.2012]

BEI GRIN MACHT SICH IHR WISSEN BEZAHLT

- Wir veröffentlichen Ihre Hausarbeit, Bachelor- und Masterarbeit

- Ihr eigenes eBook und Buch - weltweit in allen wichtigen Shops

- Verdienen Sie an jedem Verkauf

Jetzt bei www.GRIN.com hochladen und kostenlos publizieren

CPSIA information can be obtained
at www.ICGtesting.com
Printed in the USA
LVHW032124240323
742526LV00007B/494